프리랜서

실용 총서
프리랜서: 사교성·실력·마감

노정태

워크룸 프레스

실용 총서. 프리랜서

노정태 지음

초판 1쇄 발행. 2022년 5월 25일
2쇄 발행 2024년 7월 20일
편집·디자인. 워크룸
인쇄·제책. 세걸음

워크룸 프레스
03035 서울특별시 종로구 자하문로19길 25, 3층
전화. 02‑6013‑3246 / 팩스. 02‑725‑3248
workroompress.kr
wpress@wkrm.kr

ISBN 979‑11‑89356‑71‑2 04080
978‑89‑94207‑98‑8 (세트)

"일하라, 더욱 일하라, 끝까지 일하라."
—오토 폰 비스마르크

하청

"프리랜서가 꿈이라서요…" 얼마 전 한 술자리에서
들은 말이다. 상대는 내게 조언을 구하는 참이었다.
20대 청년이 프리랜서를 꿈꾸고 있지만 어떻게 해야
할지 모르겠다며 내게 의견을 구했던 것이다.

반면 나는 30대 중반을 넘어 이제
40대를 향하고 있다. 자유 기고가 겸 번역가로서,
프리랜서로 살아온 지도 벌써 10년이 다 돼간다.
2012년 군에서 제대한 뒤 취직하지 않은 채
어찌어찌 생계를 이어왔다. 대단한 성공을 거둔
건 전혀 아니지만, '강한 자가 살아남는 게 아니라
살아남은 자가 강한 것이다.' 따위의 경구를 곱씹어
본다면, 그럭저럭 나쁘지는 않은 프리랜서 생활을
해오고 있는 셈이다.

내 대답은 확고했다. "취직하는 게 좋죠. 일단
취직을 하세요." 맞은편에 앉은 이의 얼굴에 가벼운
실망의 기색이 스쳐 지나갔다. 뭔가 이유를 붙여야
할 것 같은데, 설명하자면 한도 끝도 없을 것 같아서,
"한국이라는 사회가 그렇거든요. 첫 직장이 너무
많은 걸 좌우하잖아요."라고 덧붙였다.

저 대답은 반은 맞고 반은 틀리다. 한국이
아니라 그 어떤 나라에서도 일반적으로 첫 직장은

중요하다. 또한 프리랜서보다는 취직을 하는
편이 인생에 도움이 된다. 좀 더 정확히 말해보자.
프리랜서가 되려는 사람이라면 꼭 고려해야 할
몇 가지 요소가 있다. 어떤 요소는 시대와 장소를
불문하고 통용될 수 있고, 일부는 한국이기 때문에
더 신경 써야 한다.

첫 직장은 중요하다. 취직을 하는 게 낫다.

그런 이야기를 술자리에서 하긴 어렵고, 해봐야
상대방의 머리에 제대로 남을 리도 없다. 하지만
일단 떠올리기 시작한 답변은 내 머릿속에 남았고,
계속 굴러다니고 있다. 이런 잡념에서 해방되려면
글로 써버리는 수밖에 없다.

인생의 첫 고용 형태로서 프리랜서를 택하는 건
절대 추천하지 않는다. 일이란 사실상 인생의 모든
걸 좌우하는 가장 큰 요소이기 때문이다. "우리
어린이는 커서 뭐가 되고 싶어요?"라는 질문을
떠올려보자. 이 책의 독자는 대체로 성인, 즉 어른일
테니, 이제는 저 질문이 무슨 뜻인지 다들 아시리라
본다. 어떤 인격체가 되고 싶으냐, 무슨 취향과
감식안을 가진 사람이 되고 싶으냐 따위를 묻는 게
아니다. 직업을 뭘 택하고 싶으냐, 그런 직업을 갖기
위해서 뭘 해야 하는지 아느냐, 그런데 성적이 왜

이러냐, 이런 걸 묻기 위한 질문인 것이다.

서글픈가? 사람을 인격이 아닌 직업으로 판단하는 세상이 잘못됐다고 생각하는가? 진심으로 그렇게 생각하는 사람이라면 이 책을 덮고 『어린 왕자』를 한 번 더 읽는 게 나을 것이다. 직업이 사람의 모든 걸 설명하지는 않지만, 어떤 직업을 가지고 있느냐, 그리고 어떻게 일하느냐는 그 사람을 설명하는 가장 중요한 요소 중 하나다. 이 점을 이해하지도 받아들이지도 못하는 사람, '내면의 어린아이'를 끌어안고 부둥거리고만 싶은 사람은, 이 책의 독자로서 부적합하다. 이미 여기까지 읽었다면 어쩔 수 없겠지만 지금이라도 책장을 덮어도 무방하다.

일이란 그런 것이다. 돈을 벌기 위해 하는 것이다. 하지만 그게 전부는 아니다. 일은 그 사람에 대해 많은 걸 설명한다. 왜냐하면 대부분의 사람들은 하루의 가장 크고 중요한 시간을 일하면서 보내기 때문이다. 일은 돈뿐 아니라 우리에게 필요한 인간적인 교류와 상호작용, 더 나아가 배움과 성장의 기회까지 제공해 준다. 일은 사람의 모든 게 아니다. 하지만 그 사람이 어떤 일을 하는 사람인지 모른다면, 아무것도 모르는 것과 마찬가지다.

일이란 돈을 버는 것이다.
하지만 그게 전부는 아니다.

본격적으로 논의를 시작하기 앞서 대체 여기서
말하는 '프리랜서'가 무엇인지 정의할 필요가
있겠다. 표준국어대사전에 따르면 프리랜서는
"일정한 소속이 없이 자유 계약으로 일하는
사람"을 뜻한다. 동아새국어사전은 "① 전속이
아닌 자유 계약 근로자. ② 전속되지 않은 자유
기고가(寄稿家), 또는 전속되지 않은 가수나 배우"라
설명한다. 표준대국어사전은 예문을 통해 사진
기자와 아나운서 등을 프리랜서의 예시로 제시하며,
동아새국어사전의 경우 자유 기고가, 가수, 배우
등을 프리랜서의 대표 격으로 여기는 듯하다.

두 사전의 정의를 통해 우리가 논하고자 하는
프리랜서가 무엇인지 가늠해 보자. 일단 어딘가에
소속되지 않고 개별 단위로 활동해야 한다.
동아새국어사전식으로 표현하자면 "전속되지 않은"
사람이어야 한다. 여기까지는 이론의 여지가 없다.
하지만 그것만으로는 충분한 정의가 되지 않는다.
가령 혼자 하루에 열여덟 시간씩 가게를 보면서
나머지 여섯 시간은 문을 닫고 쉬는 슈퍼마켓 사장을
우리는 프리랜서라 하지 않고 그저 자영업자라 할
뿐이니 말이다.

이 책에서 말하는 프리랜서란 주로 문화, 예술, 언론 등의 업계에서 클라이언트의 일을 도급으로 처리해 주는 사람을 뜻한다. 언제부터 언제까지, 몇 시부터 몇 시까지 일하기로 하고 그 시간 동안 지시를 받는 노동 계약이 아니라, 어떤 일을 언제까지 매듭지어 주기로 하고, 그 성과에 따라 돈을 받는 사람들이 프리랜서라는 말이다. 그런 형태의 계약을 민법에서는 '도급(都給)'이라 한다. 대체로 프리랜서는 클라이언트의 전체 업무 중 일부를 떼어내 그것을 자신이 완결해 주는 조건으로 돈을 받는 계약을 맺는 사람이다.

프리랜서란 하청업자다. 도급받은 일을 한다.
자유롭게 일하지만 책임도 스스로 져야 한다.

프리랜서의 일의 단위는 시간도, 노력도, 내가 한 고생도 아니다. 오직 결과물이다. 어떤 결과를 제공하겠다는 약속을 하고, 일을 끝낸 뒤 돈을 받는다. 대단히 불리한 근로 유형 같지만 큰 장점이 있다. 도급 계약을 통해 일거리를 받은 사람, 즉 수급인은 일거리를 준 도급인으로부터 업무 지시를 받지 않는다. 번역 계약을 한 나는 약속한 마감 날짜에 완성된 번역 원고를 보내기만 하면 된다. 몇 시부터 몇 시까지 일할지, 무슨 프로그램을 쓰고, 어떤 사전을 주로 참고할지 등은 모두 내 결정

사항이다. 그리고 그 결과가 시장에서 좋은 평가를 받으면 나 자신의 평판이 높아진다. 요컨대, 일을 자유롭게 할 수 있다.

이게 바로 프리랜서의 장점이다. 일을 하는 방식에서 자유를 얻을 수 있다는 것, 결과물에 자신의 개성과 인격을 어느 정도 담아낼 수 있다는 것. 대부분은 바로 이 점에 혹해 장래 희망란에 프리랜서라는 네 글자를 써 넣을 것이다. 요즘 서점이나 유튜브에서 흔히 볼 수 있는 '내가 진정으로 사랑하는 일을 하고 싶다.' 류의 책이나 콘텐츠 역시 바로 그런 판타지를 부추기는 것들이다.

사람이 꿈과 희망 없이는 살 수 없다. 하지만 직업 선택이라는 중요한 결정을 하기 전, 자신이 내리는 선택의 단점을 분명히 알고 있어야 한다. 문화 예술계가 됐든 뭐가 됐든 도급 중심의 업계이기에 갖는 단점은 사라지지 않는다. 노동 착취가 만연하다는 소리다. 프리랜서는 자기 자신의 노동을 착취해야 한다는 점에서 그 열악함은 더욱 배가된다고 할 수 있겠다.

프리랜서라는 말에서 '자유'를 강조하는 사람들이 언급하려 하지 않는 현실이 바로 그것이다. 프리랜서는 끝없이 도급을 받아 일하는 사람이다.

한마디로 하청업자다. 지금 당장 '도급', '하청' 등을
검색하면 어떤 뉴스가 나오는지 확인해 보자. 도급이
중심이 되는 업계는 기본적으로 열악한 노동 여건과
과로, 낮은 임금, 고용의 불안정성 등으로 점철돼
있다. 흔히 말하는 '나쁜 일자리'의 조건은 죄다
갖추고 있는 것이다.

　　프리랜서는 하청업자다. 도급으로 받아 온
일거리로 먹고사는 하청업자. 자기 자신 외에는 그
어디에도 의지할 데 없는 고독한 하청업자, 그것이
바로 프리랜서의 삶이다. 하고 싶은 일만 하며
살아가는 디지털 노마드 같은 게 아니다. 물론 그
속에는 장점도 있기에 나처럼 제법 오랜 세월을,
또는 평생을 프리랜서로 살아가는 사람들이 있다.
그래도 모든 사람에게 권할 수는 없고, 그래서도 안
된다. 적어도 한창 커나가는 어린이나 청소년에게
추천할 만한 일과 삶의 방식으로 볼 수는 없다는 게
내 정직한 생각이다.

　　프리랜서를 하게 되는 사람, 또는 해야만 하는
사람이 있다. 평생 프리랜서라는 1인 하청업자에
머물 수도 있겠으나, 그 과정을 거쳐 한 차원 높은
사업 규모를 추구해야 마땅한 사람도 분명히 있다는
말이다. 그런 자질과 소양이 있는 경우에도 처음에는
남이 운영하는 회사에 다니면서 월급을 받는 일을

하는 게 좋다고 나는 개인적으로 생각한다. 그런
사람은 남이 말린다 해도 결국 오래지 않아 회사를
나와 자기 일을 하려 할 텐데, 특히 문화, 예술, 언론
등의 업계라면 처음부터 외관상 그럴싸한 창업을
하기란 쉽지 않다. 프리랜서로서 어느 정도 활동하며
세월을 보내게 된다는 뜻이다.

프리랜서는 자유롭다. 자유는 공짜가 아니다.

그 과정은 결코 만만치 않다. 솔직히 말하면, 나
역시 그런 터널을 통과했다고 말하기 어렵다. 다른
프리랜서 동지들과 별로 다를 바 없는 처지라는
뜻이다. 하지만 이 불안정하면서도 매력적인 일과
삶의 양식에 발을 들여놓지 않은 사람, 또는 갓 발을
디뎠는데 아직 갈피를 잡지 못하고 있는 사람이라면,
잘 생각해 보기 바란다. 프리랜서는 자유롭다.
그리고 자유는 결코 공짜가 아니다.

마감

모든 예술 분야의 프리랜서 영역에서 통하는
비밀스러운 지식이 있다. 프리랜서로서 '계속' 일하며
업계에서 살아남는 방법을 여기서 공개한다. 작업이
좋거나, 같이 어울리기 쉽거나, 마감을 제때 지키는
것이다. 심지어 이 셋을 다 갖출 필요도 없다. 셋 중
둘만 있어도 괜찮다.

작업이 좋거나, 어울리기 쉽거나, 마감을 잘 지킨다.

만약 작업이 좋고 마감을 제때 지킨다면 사람들은
당신이 어지간히 불쾌한 존재여도 참아줄 것이다.
당신의 작업도 좋아하고 당신 자체도 좋아한다면
작업 속도가 느려도 용서받을 수 있다. 만약 제때
결과물을 내놓고 함께 어울릴 때 즐거운 사람이라면
다른 이들처럼 결과물이 좋지 못해도 괜찮다.

이 멋진 말은 내가 만들어낸 게 아니다. 자신이
프리랜서로서 첫걸음을 내디딜 때 누군가로부터
들었다면서 2012년 런던예술대학 졸업식에서 닐
게이먼이 학생들에게 해준 말이다. 유머러스하지만
진실을 담고 있는 이 멋진 조언은 벤 다이어그램으로
만들기 좋은 구조다. 구글에서 'neil gaiman venn
diagram'을 검색하면 사람들이 만든 도표를 쉽게
찾아볼 수 있는 것이다.

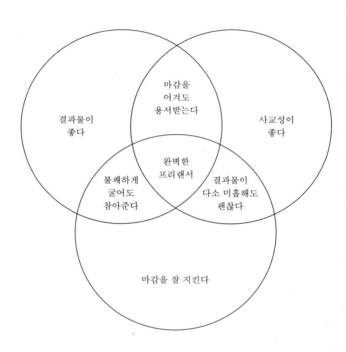

결과물이
좋다

마감을
어겨도
용서받는다

사교성이
좋다

완벽한
프리랜서

불쾌하게
굴어도
참아준다

결과물이
다소 미흡해도
괜찮다

마감을 잘 지킨다

이론적으로 보면 흠잡을 데가 없지만, 이 조언은
사실 완벽하지 않다. 듣는 이가 오해할 가능성을
품고 있기 때문이다. 마치 경력 초기의 프리랜서가
세 요소 중 하나는 편의에 따라 '버리고 갈' 수도
있는 것 같은 인상을 받을 우려가 있다는 말이다.

　　실제로는 전혀 그렇지 않다. 당연히 셋 다
추구해야 한다. 그리고 절대로 마감, 마감, 마감을
지켜야 한다. 믿음, 소망, 사랑 중 제일은 사랑이듯
실력, 사교성, 마감 중 으뜸은 마감이다. 천사의 말을
하는 사람도 사랑이 없으면 울리는 징과 꽹과리와
다를 바 없듯, 특히 경력 초기의 프리랜서에게는
마감을 지키는 게 가장 중요하다. 마감을 지키지
못하면 아무리 사교성이 좋건 실력이 탁월하건,
아무짝에도 소용이 없다.

믿음 소망 사랑 중 제일은 사랑이듯,
실력 사교성 마감 중 으뜸은 마감이다.

　　프리랜서와 마감. 솔직히 좀 식상한 느낌이
드는 주제다. 글 쓰는 작가, 기자, 만화가 등 매체를
상대로 일하는 사람들이 워낙 마감 타령을 많이
해왔으니 그럴 법도 하다. 인터넷 서점에서 '마감'을
검색하면 시간에 쫓기고 압박에 눌리는 창작자들이
쓴 다양한 에세이가 수두룩하다. 대체로 내용들도
비슷하다. 마감은 힘들고, 그래도 해야 한다, 뭐 그런

것들 말이다.

틀렸다는 게 아니다. 모두 맞는 말이다. 하지만
프리랜서로서 첫발을 떼었거나, 막 업계에 진입을
앞둔 사람에게는 그리 큰 의미가 있는 이야기가 못
된다. 마감이 무섭고 중요하고 다 알겠는데, 대체 '왜'
중요한지, 그 이유를 설명해 주지 않기 때문이다.

공정을 기하기 위해 말하자면 그런 설명은
쉽지 않다. 이미 자신에게 익숙한 환경과 맥락을
객관적으로 바라보고 그것을 남에게 이해하기 쉽게
전달하는 일 자체가 원래 어렵다. 실력이 좋은 사람,
또는 업계에 잘 적응한 사람일수록 설명을 제대로
해내지 못할 가능성도 크다. '어, 그냥 하다 보면
되는데?' 같은 소리나 듣기 십상이다.

다행히도 우리에게는 닐 게이먼 벤
다이어그램이 있다. 실력, 사교성, 마감이라는 세
요소를 구분하고, 설령 셋 중 하나가 모자라더라도
다른 두 가지가 어떻게 프리랜서의 경력을 구원해 줄
수 있는지 그럴듯한 설명을 들은 상태다. 그 내용을
길잡이 삼아, 왜 초짜 프리랜서 또는 프리랜서
지망생에게는 마감이 그 무엇보다 중요한지 설명해
보겠다.

실력이 우수하고 사교성이 좋으면 마감이 늦어도
용서받을 수 있고, 사교성이 좋으며 마감을 잘
지킨다면 실력이 부족해도 클라이언트가 선택할
여지가 있으며, 마감을 잘 지키면서 실력이
우수하다면 사교성이 좋지 않아도 사람들이 그
성격을 참아준다. 그러므로 셋 모두를 다 갖추지
못했다고 해도 자책하지 말라. 둘만 가져도 살아남을
수 있다.

　다시 적어봐도 정말 아름다운 내용이다.
완벽하다고 할 수는 없지만 진리에 매우 가깝다.
어느 정도 궤도에 올랐지만 닐 게이먼처럼 원하는
걸 마음대로 창작해서 내보낼 수 있는 수준에는
이르지 못한 모든 이들에게 이보다 더 좋은 조언을
해주기란 불가능해 보인다. 나 또한 일을 하기 싫을
때, 벽에 가로막힌 듯한 기분이 들 때, 어떻게든 이
일을 끝내야만 한다는 강박에 사로잡히거나 할 때,
닐 게이먼 벤 다이어그램을 곱씹는다.

　나는 지금 누군지 모를 독자가 상처 받는
걸 피하고 싶은 나머지 본론으로 들어가지 않고
계속 맴돌고 있는 듯하다. 심호흡을 한번 하고,
직설적으로 말해보겠다. 업계에 갓 발을 디뎠거나
막 경력을 시작하려는 프리랜서는 오직 마감에
집중해야 한다. 이유는 다음과 같다.

1. 당신의 사교성은 충분히 업계에 자리 잡은 다음에야 쓸모가 있다.
2. 당신의 실력은 당신 스스로 생각하는 것만큼 훌륭하지 않다.

우선 첫 번째. 조금만 생각해 보면 너무도 당연한 이야기다. 갓 발을 내디딘 프리랜서가 사교성을 통해 실력의 부족이나 마감 지연 등을 무마할 수 있으리라 기대하는 건 지극히 비합리적이다. '사교성'이라는 건 어디까지나 당사자가 특정한 사회에 소속돼 있음을 전제로 하기 때문이다. 누군지도 모르거나, 어느 정도 가능성이 있겠다고 생각해 원고나 작업 등을 청탁했을 뿐인 느슨한 관계 속에서 '사교성'은 전혀 도움이 되지 않는다.

마감을 못 지키면 인맥도 소용이 없다.

사교성을 통해 마감이나 실력의 부족을 무마할 수 있을 정도라면, 그 사람은 어엿한 업계의 일원이다. 지금껏 충분히 많은 수의 마감을 해왔을 것이다. 관점에 따라 다르겠지만, 어느 정도는 실력을 인정받고 있을 것이다. 요컨대 하청업자로서 최소한의 신뢰는 쌓인 상태다. 그래야 '안면으로 어떻게 좀 해보는' 일이 가능하지 않겠는가. 그런 건 업계에 갓 발을 들여놓은 이들에게 허락되는 일이 아니다. 꿈도 꾸지 않는 게 좋다.

탁월한 실력으로 마감 지연과 사교성 부족을 떼울
수는 없을까? 의외로 적잖은 이들이 프리랜서로
자리 잡기 전부터 이런 식의 환상에 빠져 있는
모습을 심심찮게 보게 된다. 데즈카 오사무나
『헌터×헌터』(Hunter×Hunter) 시리즈의 토가시
요시히로처럼 마감과 관련해 악명 높은 천재
작가들의 일화를 많이 접한 이들일수록 저런 환상에
쉽게 빠지는 듯하다.

　　참으로 가당찮은 소리다. 경력 초기의
프리랜서가 실력으로 모든 걸 용서받는 일은 현실
속에서 불가능하다. 제아무리 잘났어도, 어린 시절에
무슨 천재 소리를 얼마나 많이 듣고 자랐건, 현업에
종사하는 사람들과 비교해 보면 그저 초짜이고
풋내기일 뿐이기 때문이다. 차디찬 현실을 인정할
필요가 있다.

　　승부와 실력의 차이가 좀 더 분명한 스포츠에
비교해 보면 확실해진다. 브라질의 축구 영웅 펠레는
16세에 국가대표팀에 합류했다. 유소년 레벨을
생략한 것이다. 최근에는 프랑스의 윙어 킬리언
음바페가 곧장 성인 대표팀에 합류한 뒤 FIFA컵을
들어 올리는 기염을 뿜었다. 하지만 그런 극히
예외적인 경우는 빼고 생각해야 한다. 대부분의 '축구
신동'들은 유소년팀, 연령별 대표팀에서 뛰게 된다.

즉 '잘났는데 평범한', 또는 '평범하게 잘난' 경우라면, 그 나이대에서 상대적으로 돋보이는 선수라 해도 성인 프로 리그에서 같은 수준의 기량을 보이지 못하게 마련이다. 닳고 닳은 성인 선수들과 상대하면 금방 한계가 드러난다. 경험치의 부족을 단번에 뛰어넘을 수 있을 만한 재능은 그만큼 드물기 때문이다.

실력으로 불성실을 덮을 수 있다는 착각을 버려라.

하물며 스포츠는 육체적 능력이 좌우하는 영역이고, 노화의 영향을 빨리 받는 반면, 프리랜서의 작업 영역은 대체로 지식 노동의 형태를 띤다. 체력 저하라는 고질적 문제를 빼고 나면 나이를 먹을수록 유리해지면 유리해졌지 불리해질 건 없다. 프리랜서로서 첫발을 내딛는 사람 중 실력이 너무 좋아서 마감을 못 지키는 걸 정당화할 수 있을 만큼 실력이 좋은 사람은 단 한 명도 없다고 단언할 수 있다.

프리랜서가 되는 방법은 다양하겠지만, 프리랜서의 길은 결국 똑같다. 공모전에 당선이 되건, 아는 사람을 통해 일거리를 받건, 독자 편지나 엽서 등으로 편집부의 눈에 띄건, 아무튼 첫 번째 마감이 생긴다. 첫 번째 마감을 지킨다. 그러면 두 번째

일거리, 즉 두 번째 마감이 생긴다. 그 마감도
지킨다. 그러면 세 번째 마감이 생기고, 마감이
마감을 낳는다.

우리가 말하는 실력이라는 건 바로 그런 마감을
통해, 마감을 하면서, 현업자들의 세계 속에서 쌓는
것이다. 성인이 된 축구선수가 프로리그에서 뛰면서
실력을 쌓는 것과 같은 이치다. 마감이 실력을
낳는다는 말이다.

그렇게 어느 정도 업계에서 인정을 받고 자리를
잡으면 당연히 사람들을 만날 기회가 늘어난다.
사교성이 유의미해지는 건 바로 그런 맥락에서의
일이다. 일거리를 던져주면 제시간에 해내고, 실력도
이제는 곧잘 봐줄 만한 수준은 되니까, 같은 동료로
인정해 주고 안면도 트는 것이다.

클라이언트의 입장에서 생각해 보자.
클라이언트는 언제나 신선한 프리랜서를 원한다.
하지만 경력 없는 프리랜서가 어떤 대단한 실력을
뽐내리라 기대하지는 않는다. 저 친구가 인간적으로
굉장히 마음에 든다거나, 효자 효녀라거나, 인품이
끝내준다거나 하는 이유로 일거리를 던져주지도
않는다.

클라이언트는 언제나 신선한 프리랜서를 원한다.

경력 없는 초짜 신인에게 클라이언트가

기대하는 건 단 하나, 청탁한 원고 또는 기타
작업물을 제시간에 맞춰 제출하는 것뿐이다.
신인에게는 대단한 실력이 요구되는 난이도 있는
작업을 맡기지 않는다. 신인에게 기대하는 바는 오직
하나, '빈 구석'을 채워 넣는 것이다.

　내게 친숙한 영역인 잡지 편집을 놓고 설명해
보겠다. 잡지 한 호의 판매를 좌우하는 거대한
특집을 신인에게 맡길 만큼 얼빠진 편집장은
세상에 없다. '블로그에 글 재미있게 쓴다는 젊은
친구'가 있다면, 여러 필자들이 돌아가면서 무겁지
않은 잡담을 하는 원고지 10매짜리 코너에 글을
한 편 맡겨보는 식으로, 일단 기회를 줘보는 게
일반적인 경로일 것이다. 다른 분야도 크게 다르지는
않으리라.

　청탁을 받은 사람 입장에서야 가슴이 뛰고 온
세상이 내 것인 양 흥분될 수도 있겠다. 하지만
객관적으로 보면 사실 그리 대단한 일은 아니다.
초짜 신인에게 주어지는 코너란 잡지를 만드는
사람의 입장에서 볼 때 이래도 좋고 저래도 좋고
그저 펑크만 나지 않으면 되는 그런 영역이다.
야구에 비유하자면 다 이긴 경기에서 공 몇 개
던지고 내려가는 중간 계투 같은 것이다.

　그 일을 아무렇게나 해도 된다는 소리가 아니다.

클라이언트의 입장에서 볼 때 성의가 없어 보인다,
정말 마감을 위한 마감을 했을 뿐이다, 이런 인상을
받는다면 두 번째 청탁은 들어가지 않을 것이다.
당연히 최선을 다해야 한다. 하지만 그 청탁이
들어온 이유는 본인의 대단한 실력에 온 세상이
감동하고 감탄해서가 아니다. 그 정도 최소한의 자기
객관화는 해야 한다는 말이다.

마감으로 실력을 쌓고, 실력으로 인맥을 만들자.

'그럭저럭 괜찮아 보이는데?' 싶어서 작은
일을 맡겼는데, 어느 정도 쓸 만한 결과물을 제때
가져오는 사람. 모든 클라이언트는 바로 그런 신인을
원한다. 마치 모든 원청업체들이 일단 납기를 지키는
하청업체를 찾는 것과 마찬가지다. 지난 10여 년
동안 주로 프리랜서로 활동해 왔지만, 이전에는
잡지사에서 근무했고, 그 후에도 독립 잡지를 만드는
등 여러 활동을 해온 사람으로서 자신 있게 할 수
있는 말이다.

초보 프리랜서, 또는 프리랜서 지망생
여러분에게, 세상은 엄청난 기대를 품고 있지 않다.
첫 번째 마감을 잘 지키는 것으로도 충분하다. 첫
번째 마감을 성공적으로 수행하면, 두 번째 마감이
돌아오고, 계속 그렇게 해나가다 보면 비로소
업계에서 통할 수 있을 만한 실력이 쌓이고 인맥이

형성되는 것이다.

문화 예술계의 프리랜서는 낮은 수입과 높은 노동
강도에 시달리는 고달픈 하청업자다. 동경하는
사람들은 많아도 제대로 뛰어드는 사람은 별로
없다. 그러면서도 업계에 대한 불평불만은
끊이지가 않는데, 그 내용이란 대체로 이런 식이다.
프리랜서가 되기 위해서는 인맥이 중요하다거나,
결국 다 아는 사람에게만 일거리가 간다거나, 실력은
사실 중요하지 않고 친분이 최고라거나 하는 소리
말이다.
    닐 게이먼 벤 다이어그램의 요소를 놓고 보면
그런 주장은 이런 순서도를 형성한다고 할 수
있겠다.

사교성 → 실력 → 마감

하지만 앞서 우리가 살펴본 바와 같이, 저 세 요소가
실제로 작동하는 방식을 시간 순서대로 그려보면
이쪽이 더욱 현실에 가깝다.

마감 → 실력 → 사교성

마감을 지키는 자에게만 또 다른 마감이 제공된다. 작업의 기회가 온다. 그걸 꾸역꾸역 해내야 한다. 그렇게 경험이 쌓여야 실력이 만들어진다. 실력이 있어야 자리를 지킬 수 있고, 자리를 지켜야 사교성을 발휘할 여지가 생기는 것이다.

　　나 자신의 경험을 돌이켜보더라도 그렇다. 내가 20대였던 2000년대 중반, 우석훈 교수의 책 『88만원 세대』가 돌풍을 일으켰다. 20대 청년 논객들에게 사회적인 발언권을 줘야 한다는 분위기가 형성됐다. 그래서 마침 그 무렵에 인터넷 게시판에 글을 열심히 쓰던 몇몇 20대 청년들이 때 이른 나이에 신문 칼럼니스트가 되는 행운을 누리게 됐다. 나도 그중 하나다.

　　나는 근거가 있건 없건 일단 자신감을 가지고 살아가는 성격이기 때문에, 내 또래뿐 아니라 위아래로 10년을 놓고 보더라도 나보다 글을 잘 쓰는 사람은 없다고 생각하고 있었다. 하지만 정해진 분량과 날짜가 있는 칼럼을 쓰는 건 별개의 문제였다. 당연히 긴장이 되고 스트레스를 많이 받았다. 그래도 한 달에 한 번 정도 차례가 돌아올 때마다 반드시 마감 전날에 원고를 보냈다. 신문사 측에서 내 원고를 보고 수정을 요구할 수 있을 만한 시간을 주는 건 하청업자로서 원청에 지켜야 할 직업

윤리라 판단했기 때문이다.

　그런 생각을 할 수 있던 건 잡지사 근무 경력 덕분이었던 것 같다. 원고를 충분히 검토하고 필자와 상의해 수정할 만한 시간이 없으면 편집자로서는 당황스럽기 짝이 없다. 원고를 통째로 날려버리자니 지면에 구멍이 뚫리고, 턱없이 부족한 원고를 그대로 싣자니 잡지인의 자존심이 용납지 않는 것이다. 클라이언트에게 이런 스트레스를 주는 프리랜서가 오래갈 수는 없다.

　반대로 비록 실력이 좀 부족하다 해도, 마감보다 조금 일찍 원고를 보내면, 편집자로서는 대만족이다. 신인에게 일거리를 줄 때는 현재의 능력이 아니라 향후의 잠재성을 보는 것이다. 마감을 잘 지키고 데드라인보다 여유 있게 작업을 넘기는 프리랜서가 되면, 클라이언트의 피드백을 받을 수 있고, 그것을 작업에 반영시키면서 자신의 실력 및 업계 내의 평판을 개선할 수 있다. 마감이 실력을 쌓고, 실력이 사교성을 키워줌으로써, 프리랜서의 세 요소가 삼발이처럼 균형을 잡고 설 수 있게 되는 것이다.

　그렇게 나는 돈을 벌면서 글쓰기를 배웠다. 지금도 글을 쓰면서 돈을 벌고 있다. 당시 수많은 젊은이가 신문의 한구석에 차려진 칼럼 자리를 받았지만, 지금껏 꾸준히 프리랜서로 경력을

이어가고 있는 이는 거의 없다. 물론 다들 글 쓰는
것보다 더 좋은, 자신에게 더 어울리는 일을 찾아
떠난 것일 수도 있지만, 아무려면 어떤가. 내게는
오늘도 해야 할 마감이 있고, 나는 그것으로
충분하다.

프리랜서(freelancer)는 본래 방랑하는 용병 기사를 뜻하는 말이었다.
월터 스콧의 『아이반호』(Ivanhoe)는 그 용례를 확인할 수 있는 초기 문헌 중 하나다.
맬컴 킬데일, 『아이반호』, 클래식 코믹스, 2권(뉴욕: 길버턴, 1942) 표지. 이미지:
위키미디어 코먼스.

(왼쪽) 서양의 중세 떠돌이 기사는 오늘날 우리가 프리랜서라 부르는 여러 조건을 갖춘, 즉 계약에 따라 일하지만 종속되지 않는 존재였다. 보병 갑옷, 16세기. 사진: 조지 F. 하딩 컬렉션(George F. Harding Collection).

(아래) 매뉴팩처에서 공정을 나누어 바늘을 만드는 모습. 초기 자본주의의 탄생과 발전은 프리랜서의 기반이 되는 분업의 탄생과 불가분의 관계다. 그 무렵 등장한 소규모 작업장을 '매뉴팩처'라 부른다. 이미지: 웰컴 컬렉션(Wellcome Collection).

찰리 채플린은 「모던 타임스」(Modern Times)에서 분업이 불러온 소외된 노동자의
모습을 풍자했다. 프리랜서의 삶이란 어쩌면, 세상으로부터 소외되는 한이 있더라도 내
일과 함께하는 삶을 꿈꾸는 것일지도 모른다. 사진: 위키미디어 코먼스.

뉴욕을 오가는 풀먼 스탠다드 철도 광고, 1946년. 분업과 마찬가지로 통근 역시
자본주의의 산물이다. 일과 삶이 분리되면서 사람들은 '사는 곳'에서 '일하는 곳'으로
매일 왕복 여행을 하게 되었다. 이미지: 피리어드 페이퍼(Period Paper).

이른바 '공유 오피스' 비즈니스는 프리랜서가 주는 '자유'의 이미지를 적극적으로 차용했다. 위워크의 슬로건: "당신이 사랑하는 걸 하세요."(Do What You Love) 사진: 위키미디어 코먼스.

코맥 매카시가 애용한 올리베티 레테라 32 타자기. 프리랜서에게 도구는 중요하지만, 지나친 집착은 비생산적인 결과를 낳는다. 사진: 위키미디어 코먼스.

PUBLICATIONS

시대와 장소를 막론하고 프리랜서들의 일하는 모습은 다르지 않다. 내 손은 느리고, 마감은 빠르다. 이미지: 위키미디어 코먼스.

도구

멋진 작가들이 쓰는 멋진 도구에 대한 이야기들이
있다. 가령 존 스타인벡은 특정 브랜드의 연필만
썼는데, 한두 자루가 아니라 열 자루 넘게, 매일 아주
뾰족하게 갈아놓은 후에야 글쓰기를 시작했다고
한다. 옆으로 펼쳐지는 공책의 한쪽 면에만 원고를
써서 신뢰하는 편집자에게 보내면 편집자가 반대쪽
면에 의견을 적어서 돌려주는 식으로 작업을 했다는
것이다. 토니 모리슨은 랜덤하우스에서 편집자로
일하던 시절 매일 아침 출근하기 전 노란색 리걸
패드에 연필로 써가며 『가장 푸른 눈』(The Bluest
Eye)의 초고를 완성했다.

　헤밍웨이는 스탠딩 데스크에서 일했고,
블라디미르 나보코프는 가로세로 6 × 4 인치의
인덱스 카드에 연필로 원고를 썼다. 소설가이기에
앞서 저널리스트였던 조지 오웰은 속도감 넘치게
타자로 원고를 써내려 갔다. 1933년생인 코맥
매카시는 1963년 테네시의 전당포에서 올리베티
레테라 32(Olivetti Lettera 32) 타자기를 구입했고
단 한 번도 수리나 부품 교체를 하지 않은 채 책과
편지 등 모든 글을 쓰다가 2009년 경매에 내놨다.
그때까지 약 500만 단어를 단 한 대의 타자기로

썼다고 한다. 그는 지금도, 친구가 사준 새 타자기,
올리베티 레테라 32로 글을 쓰고 있다.

   필립 풀먼은 타자기나 워드프로세서가 모두
존재하던 시대에 글을 쓰기 시작했지만, 초고는
무조건 볼펜으로, 그것도 자신이 좋아하는
몽블랑 볼펜으로만 쓴다. 초고를 손으로 쓰는 건
닐 게이먼도 마찬가지다. 그래도 대부분의 요즘
작가들은 컴퓨터에 원고를 쓰는데, 그중 조지 R.R.
마틴의 사례가 흥미롭다. 그는 원고를 쓸 때 자신의
집에 설치된 굉장히 낡은 구식 컴퓨터만을 사용한다.
그가 선호하는 워드프로세서인 '워드스타 4.0'은
마이크로소프트 도스(DOS)에서만 작동하므로,
도스를 굴릴 수 있을 정도로 낡은 컴퓨터를
고집하고 있는 것이다. 인터넷에 연결돼 있지 않으니
바이러스에 감염될 우려도 없다고 너스레를 떤다.
맞춤법 검사기도 사용하지 않는다. 그쯤 되면 일종의
전자식 타자기로 봐야 할 것이다.

   알파벳과 달리 한글은 타자기로 원고를
작성하는 게 구조적으로 쉽지 않다. 그래서
많은 한국 작가들은 손으로 글을 쓰다가 곧장
워드프로세서로 넘어갔다. 박완서가 그런 면에서
상당히 얼리어답터였다는 점은 그리 잘 알려져 있지
않지만 사실이 그렇다. 반면 김훈은 지금까지도

그 유명한 연필로 글을 쓰고 있는데, 진작에
컴퓨터로 글 쓰는 법을 배웠어야 한다고 주변에
탄식했다는 말이 전해져 온다. 김영하는 흔히 쓰는
워드프로세서가 아니라 긴 글 작성에 특화된 앱인
스크리브너(Scrivener)를 쓰고 있다.

　　위에 적힌 네 문단을 나는 단숨에 적어내려
갔다. 물론 중간중간 팩트 체크를 위해 검색을 하긴
했지만 기본적으로 내 머릿속에 들어 있던 내용이다.
적당히 끊었지만 나는 이런 이야기를 1박 2일 내내
떠들어댈 수 있다. 그만큼 작가로서 일하는 방법, 글
쓰는 도구, 각 도구가 지닌 기술적 원리와 장단점
등에 관한 온갖 정보를 잘도 알고 있다는 뜻이다.

　　이래도 좋고 저래도 좋은 사소한 내용들을
상세하게도 알고 있는 이유가 무엇이겠는가. 일하기
싫을 때마다 찾아보고 연구했기 때문이다. 물론
그중에는 도움이 되는 것도 있다. 하지만 나의
프리랜서 생활 10여 년을 돌이켜 보건대, 글쓰기
도구에 대한 나의 집착과 탐닉은 생산적이지 못했다.
그럴 시간에 원고를 한 글자라도 더 썼다면 내
생활은 적어도 지금보다는 조금 더 윤택해졌으리라.

　　그럼에도 이 주제에 관해 이야기를 꺼내는
이유가 있다. 개인적인 부끄러움을 무릅쓰고 독자
여러분의 반면교사가 되고자 하는 고결한 자기희생

정신 때문이다. 우리 모두에게는 각자의 취향이 있고
선호하는 작업 환경이 있으므로 그것을 갖추는 데
어느 정도의 시간과 노력을 들이는 건 필수 불가결한
일이다. 하지만 100퍼센트 만족스러운 작업 환경이
갖춰지지 않았다는 이유로, 멀쩡히 컴퓨터에 잘
쓰던 원고를 손으로 쓰기 시작한다거나, 일해야
할 시간대에 의자와 책상에 대해 검색한다거나
스크리브너의 윈도 버전과 맥 버전의 차이점에
대해 고민한다거나 해서는 안 된다. 내가 다 해봤던
짓이어서 하는 말이다.

다소 과격하게 말하자면 그런 충동은 우리의
일을 방해하려 드는 악마의 속삭임이다. 방금
말했다시피 나는 그 유혹에 대체로 패배해 왔다.
전혀 자랑할 일이 아니지만 그렇다고 쉬쉬할 일도
아닌 것 같다. 프리랜서를 위한, 또는 프리랜서가
되고 싶어 하는 이들을 위한 책을 몇 종 살펴본
뒤 내린 결론이다. 내가 빠졌던 함정과 그 위험에
관해, 그리고 그로부터 탈출할 수 있었던 방법에
관해 솔직하게 다룬 책을 나는 본 적이 없다.
그러니 마치 일본의 만화가 아즈마 히데오가 『실종
일기』(失踪日記)에서 알콜 중독과 그 치료를 다뤘듯
여기서 나는 도구 중독과 그 치료에 관해 이야기할
계획이다.

도구 중독과 그 치료

혹시 독자 여러분의 앞에 윈도가 설치된
PC가 켜져 있다면, 스페이스바 왼쪽을 살펴보자.
알트(Alt) 키 왼쪽에 윈도 로고가 새겨진 키가
있을 것이다. 이것을 '윈도 키'라 한다. 윈도 키를 한
번 누르면 윈도 시작 메뉴가 열린다. 아무 글자나
입력하면 본인의 컴퓨터에 설치된 앱, 저장된 문서,
기타 등등을 모두 한곳에서 검색할 수 있다.

윈도 키를 누르면서 'E'를 눌러보자. 파일
탐색기가 나타난다. 아주 편리하다. '윈도 키+D'는
모든 창을 최소화하고 바탕화면을 보여준다. 평소
다운로드하거나 작업하는 파일을 일단 바탕화면에
모아놓고 일하는 사람이 방금 이 내용을 처음
알았다면 앞으로 두고두고 내게 고마운 마음이 들
것이다. 그만큼 편리한 단축키이기 때문이다.

윈도의 기본 단축키는 알아두면 좋다.

윈도 사용자들은 작업표시줄에 자신이 즐겨
쓰는 앱을 쭉 나열해 놓는다. 왼쪽부터 1번, 2번, 3번
같은 식으로 숫자를 붙여볼 수 있을 것이다. 윈도
키를 누르면서 1에서 9까지 숫자를 눌러보면 정확히
그 순서대로 앱이 실행된다. 내 경우 1번 앱은
웹브라우저인 파이어폭스, 2번은 메신저 앱, 3번은
텍스트 에디터인 노트패드++(notepad++)인데,

컴퓨터를 켤 때마다 윈도 키를 누른 채 숫자 1,
2, 3을 차례로 눌러 가장 즐겨 쓰는 세 가지 앱을
실행한다.

윈도에 내장된 아주 기본적인 텍스트 에디터인
'메모장'에도 특별한 기능이 숨어 있다. 메모장을
열고 가장 첫줄에 '.LOG'라 적는다. 반드시 대문자로
적어야 한다. 그리고 적당한 파일명으로 저장한 뒤
다시 열어보자. 파일의 가장 마지막 줄에 현재의
시간과 날짜가 기록된다. 이 기능은 메모장을 이용해
시간별 기록, 즉 '로그'를 작성하고자 하는 사용자를
배려한 것이다. 한편 메모장에서 F5를 누르면 현재
시각과 날짜가 입력된다. 마이크로소프트에서
만든 프로그램 중 가장 신뢰받는 앱이라 할 수 있는
메모장이 지니고 있는 숨은 필살기다.

나의 도구 탐험은 이 정도 선에서 멈췄어야
했다. 하지만 나는 그러지 못했다. 어느 날 고장 난
랩톱을 부활시키기 위해 리눅스의 배포판 중 하나인
우분투(Ubuntu)를 설치하면서 나의 도구 탐험은
상식의 틀을 벗어나기 시작했다.

나의 도구 탐험은 상식의 틀을 벗어나기 시작했다.

리눅스에는 마이크로소프트 오피스가 없다.
오픈오피스는 실망스러웠다. 놀랍게도 리눅스판
아래아한글이 있었지만 성능이 좋지 못했다.

나는 이맥스(Emacs)나 빔(Vim) 같은 유서 깊은 텍스트 에디터를 비롯해 온갖 작업 환경과 도구를 실험하기 시작했다. 철학과에서 칸트를 주제로 석사 학위 논문을 썼는데, 본문은 레이텍(LaTeX)으로 작성했다. 무슨 뜻이냐고? 논문을 이런 식으로 썼다는 것이다.

\newpage

\section{순수 이성개념 연역이란 무엇인가}

『순수이성비판』의 초월적 변증학은 순수 이성개념, 즉 이념을 그 주제로 삼고 있다고 필자는 생각한다. 초월적 가상(transcendental illusion)과 그것이 자리잡는 배경인 이성에 대해 서술하는 서론 부분이 지나고 나면, `순수 이성의 개념들에 대하여'라는 제목 하에 초월적 변증학의 제1권이 시작된다. `영혼', `세계', `신'이라는 세 가지 초월적 이념에 대한 비판은 이후 본론에서 다루어지는 내용이라고 볼 수 있다. 그렇게 초월적 변증학에서 세 가지의 초월적 이념에 대한 비판을 끝낸 후 칸트는 두 편의 부록을 제시한다. 첫 번째의 제목은 `순수 이성의 이념들의 규제적 사용에 대하여'이고 두 번째는 `인간 이성의 자연스런 변증성의 궁극의도에 대하여'이다. 이 각각 모두 순수 이성의 이념들, 그 중에서도 특히 초월적 이념들을 다루고 있는 것이다. 이와 같은 사실을 놓고

> 볼 때, 『순수이성비판』 중 초월적 변증학은 초월적 이념들을 그 주된 연구 대상으로 삼고 있다고 말해볼 수 있을 것이다.\footnote{Rescher, Nicholas, \textit{Kant and the Reach of Reason}(New York: Cambridge University Press, 2000), p.130에서 레셔는 다음과 같이 말한다. ````순수 이성의 이상''으로 시작되는 부분은 『순수이성비판』의 결말부일 뿐 아니라, 그것의 교조적 정점이기도 하다.''}

나는 한국에서 한국어로 원고를 쓰는 프리랜서다. 독립 출판을 하는 상황이 아닌 다음에야 내가 만들어낸 원고는 반드시 편집자의 손을 거친다. 그런데 출판사에서 일하는 편집자 중 거의 대부분은 아래아한글을 주력 워드프로세서로 사용한다. 말하자면 한국 출판계의 사실상 표준 소프트웨어인 셈이다.

아래아한글은 적폐가 아니다.
출판 업계의 표준 도구일 뿐이다.

여기까지 이야기하면 반감을 표하는 사람들이 적지 않다. 나도 원래 그랬으니 잘 알고 있다. 왜 특정 기업에서 만든 프로그램만 사용해야 하느냐, HWP 파일은 아래아한글에서만 열리는데 그건 부당하지 않냐, 그런 획일적인 컴퓨터 사용 환경

자체에 대한 문제의식을 가져볼 필요가 있지
않느냐, 등등. 그런 마음으로 나도 리눅스를 깔았고,
이맥스를 설치했으며, 레이텍으로 논문을 썼다.

　　하지만 잘 생각해 보자. 그래픽 디자이너들은
열이면 열, 100이면 100, 어도비라는 특정 기업에서
만들어낸 인디자인 같은 소프트웨어를 사용한다.
그렇다고 '나는 개념 넘치고 사회적 가치를 존중하는
디자이너이기에 인디자인 사용을 거부한다.'라며
그것을 자기 정체성의 일부처럼 말하는 프리랜서
디자이너를 과연 우리는 상상할 수 있는가?

　　요컨대 무슨 업계가 됐건 해당 업계의 '표준
도구'는 존재하기 마련이라는 것이다. 3D로 기계
설계를 하는 사람들은 오토캐드 같은 걸 사용할
테고, 영상 편집을 하는 사람들은 어도비의
프리미어나 애플의 파이널컷 프로 등을 쓴다. 모두
상업용 프로그램이고 유료다. 하지만 디자이너로서
책임감 있게 일하는 디자이너는 어도비를 향한
투쟁을 벌이지 않는다. 어도비 프로그램을 이용해
자기 할 일을 한다. 대체 왜 글쟁이인 나는 내가 쓰는
도구와 맞서 싸우고 있었던 것일까?

　　누군가는 이렇게 말할 것이다. 글 쓰는 도구는
대안이 많지만 어도비 툴에는 대안이 없다고. 그건
몰라서 하는 소리다. 어도비 툴에도 대안이 없지는

않다. 포토숍이 출시되기 전부터 오픈소스 이미지
편집 프로그램 김프(GIMP)가 세상에 나와 있었다.
하지만 스스로를 진지한 프리랜서로 생각하는
사람이라면 누구라도 김프가 아니라 포토숍 등
어도비에서 만든 상업용 소프트웨어를 사용할
것이다.

일을 제대로 하고 싶다면 업계 표준 도구를 익혀라.

　　　다른 사람과의 협업이 필수적이고, 특히
클라이언트와 소통해야 하는 상황이라면, 결국은
클라이언트와 같거나 적어도 충돌하지 않는
시스템을 갖추는 게 무엇보다 중요하다. 일을 일로서
제대로 하는 것에 초점을 맞춘다면, 결국은 자신이
속한 업계에서 표준적으로 통용되는 툴을 익히고,
그에 맞춰 워크플로우를 갖추는 건 너무도 당연한
일이라는 뜻이다.

아래아한글에 대해 비난의 목소리를 높이는
사람들이 많다. 물론 그중 일부는 옳다. 정부의
공문서가 HWP 형식으로만 작성·배포되는 건
비판받아야 할 일이다. 그런 합당한 비판은 지금껏
꾸준히 제기돼 왔고, 이제는 어느 정도 받아들여져
중요한 문서들은 PDF 파일로 배포된다.

　　　하지만 한국어로 '글 장사'를 하는 영역에서 표준

소프트웨어가 아래아한글이라는 걸 못마땅하게
여기고, 일종의 '반대 운동'을 하는 건 납득하기
어려운 일이다. 특히 맥 사용자 중 그런 경향을
보이는 이들이 많은 것 같다. 데스크톱 리눅스를
오래도록 써온 내가 볼 때 애플이라는 특정 기업이
소유한 플랫폼에 갇힌 사람들이 그런 말을 하는 건
앞뒤가 맞지 않는다. 한글과컴퓨터라는 특정 기업이
한국어 관련 워드프로세싱 시장을 과점하고 있는 건
그냥 업계 표준이 그렇게 돼서 벌어지고 있는 일일
뿐이다.

　윈도용 아래아한글은 오랜 세월에 걸쳐 다져진
사용자층을 탄탄하게 구비하고 있다. 쓰다가 뭔가
잘못되면 주변에 물어볼 사람들이 한가득하다는
뜻이다. 게다가 단지 문장과 문단을 다듬는 수준이
아니라 상업용 조판이 가능할 정도로 막강한 편집
기능을 자랑한다. 최근 협업한 어떤 출판사의 경우
본문을 아래아한글로 조판하면서 그 파일을 그대로
내게 공유했다. 덕분에 디자인 전용 소프트웨어를
전혀 쓸 줄 모르는 나도, 내가 쓴 텍스트가 어떤
폰트로 어떻게 지면에 배치될지 직접 확인하며
수정할 수 있었다. 오랜 세월 많은 사람들이 사용해
온 표준의 힘이란 이런 것이다.

　클라이언트가 있는 작업을 하는 한, 모든 도구는

소통의 도구다. 나 혼자만의 만족을 위해 작업한다면 레이텍을 쓰건 마크다운(Markdown)으로 원고를 처음부터 끝까지 작성하건 무슨 상관이겠는가. 하지만 나는 원고를 출판사나 신문 잡지의 담당자에게 보내야 한다. 상대가 사용하는 소프트웨어는 곧 상대가 가지고 있는 워크플로우의 중요한 부분이다. 엄청나게 특별한 이유가 있지 않는 한, 그것을 거부하는 태도를 뻣뻣하게 유지하며, 대단한 일이라도 하는 양 으스대는 건 그저 꼴불견일 뿐이다.

다른 그 누구도 아닌 지난 시절의 나를 보며 하는 말이다. 고고하게 자유 소프트웨어 운동의 헌신적인 일원이 되고자 내가 다 쓰지도 못할 기능을 자랑하는 온갖 텍스트 에디터를 시험 사용하고, 아래아한글을 거부하며 편집자가 혼동할 수 있는 방식으로 원고를 만들어 보내던 나의 태도는, 돌이켜 보면 참 부끄럽다. 내게 일거리를 주고 돈과 성취감을 안겨주던 업계를 존중하고 있지 않았던 것이다. 이런 자기 인식이 들자 거의 10년 넘게 앓고 있던 도구 중독 증세로부터 어느 정도 벗어날 수 있었다.

나는 다른 사람들과 함께 일할 때 비로소 내가 된다. 나와 함께 일하는 이들이 알지도 못하고

쓰지도 않으며 나를 도와줄 수도 없는 도구를
찾아 헤매고 집착하는 건 일종의 자기기만이며
자아 상실인 셈이다. 나는 한국어로 글을 쓰는
사람이다. 한국어로 글을 읽고 편집하는 사람들이
아래아한글을 쓰고 있는 한, 나는 그 도구로부터
벗어날 수 없다. 하지만 역설적이게도 그런
구속이야말로 나를 작가로서, 번역가로서,
프리랜서로서 자유롭게 해주고 있는 것이다.

업계의 제약이 나를 프리랜서로서 자유롭게 한다.

　　　여기까지 와서 하는 말이지만 나는 주로 구글
문서에 글을 쓰는 편이다. 원고가 다 됐다 싶으면
스마트폰으로 보면서 다시 한번 검토하고, 그 내용을
복사해 HWP 파일로 만들어서 담당 편집자에게
발송한다.

　　　사실 꼭 그렇게 하지 않아도 된다. 심지어
이메일 본문에 붙여 넣어 보내도 상대방이 편집
업무를 처리하는 데 문제가 있지는 않을 것이다.
그래도 굳이 한 차례의 수고를 더하는 건 그것이
함께 일하는 사람에 대한 예의 내지 존중이라는 생각
때문이다. 나는 내 뜻대로 일할 자유를 위해 많은 걸
포기한 프리랜서지만, 결국 어떤 산업의 일부로서
일하고 있다. 그 사실을 잊지 말아야 한다.

프리랜서는 어떤 산업의 일부다.

지금도 인터넷을 유랑하다 보면 '생산성 팍팍 늘려주는 대단한 앱이 새로 나왔다'며 요란스럽게 사용기를 올리고, 이런저런 기능이 부족하다고 불평하고, 또는 정말 대박이라며 예찬하는 글이나 동영상 등을 어렵지 않게 볼 수 있다. 정직하게 말하건대 지금도 그런 걸 보면 한번씩 뭐 새로운 거 있나 싶어서 확인해 보는 편이긴 하다. 모든 중독이 그렇듯 도구 중독 역시 완전한 회복은 없고 평생토록 참으며 살아야 하는 것이다.

그렇다면 앞서 네 문단에 걸쳐 떠벌인 저 많은 작가들의 사례는 뭘까? 첫째, 그런 사람들은 충분히 성공했고 입지를 단단히 굳힌 작가들이다. 그냥 재미로 알아두면 좋은 것이지 그걸 지금 스스로에게 적용하려 드는 건 곤란하다. 둘째, 초고를 손으로 쓰건 발로 쓰건 입으로 떠들어서 녹음한 뒤 녹취로 풀건, 그런 작가들 역시 출판사에 원고를 보낼 때는 단정하게 한번 다듬어서 보낸다. 정서(淨書)하는 과정을 밟는다는 말이다. 영미권 출판계의 경우도 마찬가지다. 일단 파일 형식은 마이크로소프트 워드의 DOC나 DOCX여야 한다. 폰트는 타임스 뉴 로먼(Times New Roman)이 가장 무난한 것으로 여겨진다. 핵심은 줄 간격인데 두 배, 즉 '더블 라인

스페이싱'을 유지하는 게 표준이다. 그래야 편집자가
뽑아서 밑줄 긋고 코멘트하면서 읽기 편하기
때문이다.

이는 마치 한국의 출판계에서 '아래아한글
글씨 크기 포인트 11 신명조'를 선호하는 것과
마찬가지다. 아래아한글이나 마이크로소프트 워드나
특정 기업의 독점 소프트웨어라는 점에서 보자면
큰 차이가 없다. 다만 한국 외 다른 국가의 업계
표준은 마이크로소프트 워드고, 한국의 표준은
아래아한글일 뿐이다.

프리랜서는 도구를 찾는 사람이 아니다.
도구를 사용해 일하는 사람이다.

아무리 프리랜서라 해도 우리는 이 사회의
일부다. 어떤 분야와 업계에서 타인과 협력해 일하는
사회적 존재다. 특정 소프트웨어를 기피하고, 내
생산성을 순식간에 올려줄 마법의 도구를 찾아
헤매던 그 시간들… 돌이켜 보면 정말 아깝다.
중요한 건 도구가 아니라 그 도구를 통해 해내는
일이다. 우리의 일은 그걸 하는 것이다.

보상

나는 프리랜서로 일할 수 있을까? 모든 사람들이
한번쯤은 했을 법한 고민이다. 그런데 해보지도 않고
어떻게 알 수 있을까? 물론 100퍼센트 확실하게 알
수 있는 방법은 없다. 하지만 최소한의 판단 기준
정도는 어렵지 않게 마련할 수 있다. 통장의 잔고를
모두 더해봐도 숫자가 여섯 자리, 즉 10만 원대를
넘지 않는 게 분명해졌던 어느 날 밤, 나는 한 가지
분명한 테스트 방법이 있다는 사실을 깨달았다.
이 질문을 스스로에게 던져본 후 그 대답에 따라
결정하면 된다.

　　　"나는 로또에 당첨돼 모든 경제적 걱정이 사라진
　　　후에도 이 일을 할 것인가?"

이 문장에서 말하는 '로또'란 이제 서울 강남의
아파트 한 채 값도 안 나오는 현실 속의 로또가
아니다. 평생 다 쓰고도 남을 만큼 많은 당첨금이
나오는 가상의 복권이다. 일종의 사고 실험을
해보자는 말이다.
　　　나를 짓누르는 모든 경제적 압박과 부담이 없는
상황, 이른바 '경제적 자유'를 얻은 상황에서도, 지금

하고 있는 이 일을 계속할 것인가? 아니면 돈을 벌기 위해 일을 할 필요가 없으므로, 그 시점이라면 몇 푼 되지도 않을 계약금을 토해내고, 위약금을 물어주는 식으로 업무를 청산하고 편하게 놀고먹을 것인가?

이 질문을 듣자마자 '그래도 일하겠다'는 말이 곧장 튀어나올 필요까지는 없다. 아무 망설임도 없는 게 이상한 일일 것이다. 하지만 결국은 '이 일을 계속한다'는 답이 나와야 한다. 그런 사람, 즉 로또 테스트를 통과하는 사람만이, 이 험난하고 치열하며 동시에 열악한 대한민국의 문화계에서 프리랜서로 살아남을 수 있다.

로또 테스트: 돈 안 벌어도 된다면 계속 이 일을 할 것인가?

반면 아무리 고민해 봐도 '일이란 돈을 벌기 위해 하는 것이며, 돈을 다 벌었다면 일을 더 할 필요는 없다.'는 생각이 확고한 사람이라면 이 책에서 말하는 프리랜서 직종에는 뛰어들지 않는 게 좋다. 설령 직장에서 벗어나 자기 일을 하겠다는 마음을 먹더라도 문화 예술 언론계의 프리랜서가 되려 하지 말고 사회 통념상 '돈 벌려고 하는 일'로 여겨지는 업종에 종사할 걸 권한다. 프리랜서의 일과 돈, 그리고 삶의 문제는 밖에서 보는 것보다 훨씬 복잡하기 때문이다.

로또 테스트를 통과하지 못하는 사람은 문화계의
프리랜서가 돼서는 안 된다. 계속 직장에 다니거나
개인 사업을 하거나, 다 좋지만 어딘가에 소속되지
않은 전업 문화 생산자가 될 생각은 하지 않는 편이
좋다. 문화 생산과 돈이 별개인 건 아니지만, 문화
생산의 영역에서는 돈벌이와는 다른 기준의 게임이
작동하고 있기 때문이다.

여기서 핵심 개념은 '게임'이다. 게임이란
무엇인가? 사람마다 다양한 방식으로 정의할
수 있을 텐데, 나는 여기서 아주 넓은 의미로
'게임'이라는 단어를 사용하고자 한다. 어떤 룰이
있고, 그 룰에 따라 해결해야 할 과제가 주어지며,
과제를 해결했을 때 보상이 주어지는 인간의 상호
작용 체계를 우리는 '게임'이라 부를 수 있는 것이다.

나는 왜 이 일을 하는가?
이 일은 내게 '어떤' 게임인가?

이런 구조는 거의 대부분의 사회적 활동에서도
마찬가지로 발견된다. 의사는 병원에 온 환자를
치료한다. 버스 기사는 버스를 운전하고, 요리사는
요리를 한다. 하는 일은 다르지만 결과는 같다. 모두
돈을 받는다. 즉, 우리가 '일'이라 부르는 대부분의
행동은 게임의 3대 요소인 규칙, 과제, 보상의
3요소를 갖추고 있다.

로또 테스트가 묻는 내용이 뭔지 눈치 빠른 독자라면 이미 짐작했을 것이다. 일을 해서 돈을 받는다. 하지만 이미 가진 돈이 너무 많다. 더는 보상으로서 기능을 하지 못한다. 로또 테스트는 묻는다. 그럼에도 당신은 이 게임을 하겠는가? 돈 외에 다른 어떤 보상을 이 일에서 받고 있으며, 그 보상을 얻기 위해 돈으로 살 수 없는 유일한 자원인 자신의 시간을 투입할 의향이 있는가? 당신에게 일이란 돈을 버는 게임인가, 아니면 돈도 벌지만 그와 별도의 가치를 추구하는 게임인가?

대부분의 사람들에게 일이란 돈을 벌기 위한 게임이다. 자본주의 사회는 그것을 당연한 전제로 삼고 있다. 앞으로도 여러 차례 강조하겠지만, 그럴듯한 꿈이 없다는 건 비난받거나 무시당할 일이 아니다. 삶의 원칙을 내면에 품고, 보편적으로 타당한 법과 도덕을 지키며 살고 있는 한, 그 누구의 삶도 잘못되었다거나 시시하다고 말할 수 없다.

일이 돈벌이가 아닌 사회야말로 더 큰 문제다. 가령 중세의 직업이란 곧 신이 내려준 사회적 직분을 다하는 것이었다. 농부의 아들은 평생 농부로 살아야 했고 귀족의 딸은 귀족 신분으로서 다른 귀족과 결혼해 귀족 자식을 낳는 게 아닌 자신만의 삶을 꿈꿀 수조차 없었다. 공산주의는 모든 사람이 평등해야 한다는 이념하에 직업 선택 및 직업 수행의 자유를 제한했는데, 관점에 따라서는 그럴싸하다고 생각할지 모르지만 스탈린은 바로 그런 관점에 입각해 연해주의 자영농을 중앙아시아로 강제 이주시키면서 수백만 명을 죽였다. 대다수의 사람이 돈을 벌기 위해 일하고, 돈을 더 벌 수 있겠다 싶으면 이 일 하다가 저 일 해도 되는 사회. 그것이 지금까지 인류가 도달한 그나마 가장 나은 사회의 모습인 것이다.

로또 테스트를 통과하지 못할 거면 프리랜서가 될 생각을 하지 말라면서, 일이란 돈 벌려고 하는 것이며 다들 그렇게 생각하는 사회가 지금까지 나온 최선이라니, 지금 나는 한 입으로 두 말 하는 중인가? 그렇지 않다. 일반적인 차원에서 바람직한 사회의 형태에 대해 말하는 것과 그 속에서 특수한 업종 및 고용 형태를 지향하는 사람들을 향한 조언이 꼭 같을 필요는 없기 때문이다.

돈 버는 것만이 목적이면
이 업계의 프리랜서 하지 마라.

우리는 돈 벌려고 일하는 게 정상인 사회에 살고 있다. 앞서도 말했듯 사회 전반을 관통하는 이 규칙은 역사적 관점에서 볼 때 좋은 규칙이다.

프리랜서가 아니라 무슨 일을 해도 돈은 제대로
벌어야 한다. '좋아하는 일' 한다고 돈 안 받거나 안
주려고 하는 등의 질 낮은 행태에 대해서는 언제나
모든 이가 입을 모아 반대하는 게 옳겠다.

하지만 돈벌이가 프리랜서의 근본적인
동기여서는 안 된다. 다시 한번 말하지만 여기서
말하는 프리랜서란 개인으로서 외주 작업을 하는
모든 경우를 뜻하지 않는다. 남들이 볼 때 취미나
여가로 삼는 영역이 대상이다. 소위 '문화 예술계'의
많은 부분이 이에 해당할 것이다. 이런 영역에서
프리랜서로서 경제적 성공을 바라며 뛰어드는 건
지극히 비합리적인 일이다.

왜일까? 가장 근본적이고 구조적인 이유는 시장의
규모가 작다는 것이다. 내가 속해 있고 익숙하므로
출판 산업을 중심으로 이야기해 보도록 하겠다.
한국출판문화산업진흥원에서 발간하는 웹진 『K북
트렌드』(K-Book Trend)의 2019년 12월 기사
「한국의 분야별 출판시장 현황」을 펼쳐보면 이런
대목이 나온다.

"문화체육관광부의 『2018 콘텐츠산업통계』
(2019 발표)에 따르면, 2017년 기준 도서출판
시장 규모는 총 3조 9,985억 원으로 '교과서 및

학습서적 출판업'이 2조 8,287억 원, '서적출판업'이 1조 1,698억 원이다." 종이에 인쇄한 출판물을 만드는 산업 전체에서, 우리가 책에 대해 이야기할 때 떠올리는 단행본 시장의 규모는 30퍼센트 정도에 지나지 않는 것이다. "즉 도서출판 시장의 약 70퍼센트가 학습지, 교과서, 학습 참고서 등 유아기부터 고등학교까지의 교육과정과 연관된 출판 수요다."■

이 시장의 규모는 객관적으로 볼 때 그리 크지 않다. 가령 2018년 현재 국내 아이스크림 시장 규모는 1조 6,292억 원으로, 2015년 2조 원을 돌파한 뒤 꾸준히 내리막길을 걷고 있다.② 마음의 양식인 단행본 시장의 규모는 단 한 번도 아이스크림 시장보다 큰 적이 없었던 것이다.

단행본 출판 시장은 두부 시장보다 작다.

아이스크림은 요즘 무인으로 판매하는 전문 할인점까지 생길 만큼 사람들이 많이 사는 제품 아니냐고 생각할 수 있을 것 같으니 다른 각도에서도 살펴보기로 하자. 한국출판저작권연구소에서 발행한 『2015년 출판시장 통계』에 따르면, 이름만 대면 다들 아는 상위 21개 출판사의 매출액을 모두 합쳐도 2015년 현재 약 2,871억 원 정도에 지나지 않는다.③ 반면 식품 중 두부라는 한

종류의 매출만을 합산해도 4,000억 원은 가뿐히 넘긴다. "한국농수산식품유통공사(aT)에 따르면 두부의 소매시장 규모는 2017년 4,498억 원으로 2015년 4,123억 원, 2016년 4,418억 원 이후 꾸준히 성장하고 있"는 것이다.**4**

애초에 시장의 규모가 크지 않다. 따라서 그 속에서 벌 수 있는 돈 역시 제한돼 있다. 물론 그 속에서도 누군가는 큰 성공을 거둘 것이고, 또 스타가 출현하면서 시장의 크기 자체가 커지는 일도 종종 벌어지는데, 독자 여러분 중 누군가가 그 스타가 되지 말라는 법은 없다.

돈을 벌고 싶은데 프리랜서도 되고 싶다면 다른 분야를 알아봐야 한다.

하지만 같은 프리랜서라 해도 가령 프리랜서 프로그래머가 여가 시간에 획기적인 앱을 개발해 이뤄낼 수 있는 경제적 성공과, 프리랜서 번역가가 여가 시간에 좋은 취미 번역을 해서 이뤄낼 수 있는 경제적 성공에는 엄연한 차이가 있다. 그 프리랜서들의 개인적인 능력과 자질 이전에 그들이 속한 시장의 성격과 규모가 다르기 때문이다. 문화예술계는 돈을 벌기 위해 뛰어들 만한 판이 아니다. 돈을 벌고 싶은데 프리랜서도 되고 싶다면 다른 분야를 알아봐야 한다.

로또 테스트가 중요한 이유는 또 있다. 동종업계의 경쟁자들 때문이다. 그들은 거의 예외 없이 로또 테스트를 통과한 사람들이다. 돈을 버는 것 자체만을 목표로 삼고 있지 않다. 이쯤 일하면 충분히 먹고 살 수 있으니 일을 줄여야지, 따위 생각은 과로로 쓰러지기 전까지 떠올리지 않는 자들과 경쟁을 해야 한다.

웹툰 작가 이말년은 『이말년 서유기』에서 "천재는 노력하는 자를 이길 수 없고, 노력하는 자는 즐기는 자를 이길 수 없다."라는 대사를 썼다. 논어 「옹야편」(雍也篇)에 나오는 '지지자불여호지자 호지자불여락지자(知之者不如好之者 好之者不如樂之者, 아는 사람은 좋아하는 사람만 못하고, 좋아하는 사람은 즐기는 사람만 못하다)'를 극화해 풀어 쓴 표현이라 할 수 있다. 이게 바로 로또 테스트의 무서운 면을 보여주는 것이다.

문화 예술계는 재능이 있고 노력하는데 심지어 자신이 하는 일을 즐기기까지 하는 이상한 사람들이 수두룩한 곳이다. 게다가 프리랜서의 일이라는 건 기존의 명성과 인맥에 따라 쏠리는 사람에게 더 쏠리게 마련이다. 즐기는 자는 한없이 자신의 일을 즐길 수 있다. 반대로 말하자면, 애초에 자신의 일을 충분히 즐기지 않는 사람은 이 영역에 들어오기도

어렵고, 설령 진입한다 해도 꾸준한 작업량을
유지하며 입지를 지키는 게 사실상 불가능하다.

'즐기는 자'들이 수두룩하다.
즐기는 자만 살아남는다.

    서점에 가보면 문화 예술계의 프리랜서 직종
중 그나마 만만하다고 할 수 있는 단행본 번역에
대한 입문서 내지 가이드북 같은 게 몇 종 눈에
띈다. 적당히 훑어본 결과 그 어떤 책에서도 문화
예술계 프리랜서 업계가 지니는 이 중요하고 무서운
속성에 관해 아무 말도 하지 않는 듯했다. 정말이지
걱정스럽다.

    번역뿐이 아니다. 문화 예술계의 프리랜서
직종 중 나이 먹어서도 집에서 혼자 할 수 있는
일종의 부업 같은 개념으로 접근할 수 있는 건 단
하나도 없다. 여유롭게 일하는 디지털 노마드가 될
수 있다는 식으로 이야기하는 사람들은 뭘 모르는
사람이다. 또는 아예 거짓말을 하는 것이다. 내가
만나본 바로 업계에서 제 몫을 가진 문화 예술인은
하나같이 자기 일을 사랑하고, 일을 더 하지 못해
안달하는 사람들이었다.

    그 무섭다는 '즐기는 자'들이 워라밸이고 뭐고 다
집어치우고 죽어라 즐기면서 일한다. 게다가 세상
모든 게 그렇듯 여기서도 경험과 실력은 누적되며

일종의 '마태복음 효과'가 작동한다. 잘하는 사람은 더 많이 하게 되고, 더 많이 하면서 더 잘하게 되니 자기 일이 더 재미있어지는 선순환 과정이 돌아간다는 뜻이다.

문화 예술계의 '뉴비'들은 바로 이런 사람들과 경쟁을 해야 한다. 자리를 잡은 '즐기는 자'와 경쟁해 이기는 건 고사하고, 동등한 싸움이 되도록 만드는 것 자체가 쉽지 않다. 그러기 위해서는 한 가지 방법밖에 없다. 본인 스스로도 '즐기는 자'여야 한다는 것이다.

사후 공개된 육성 테이프에 따르면, 이건희 삼성 회장은 직원에게 보낸 업무 지시 테이프에서 삼성 회장인 본인이 "3대가 먹고살 게 있는데 왜 이렇게 밤새 고함을 지르고 있겠"냐고 물었다. 삼성 회장이 밤잠 못 자며 일하는 이유는 돈이 아니라는 것이다.

일 자체를 사랑하면 새로운 힘이 생긴다.

여기서 우리는 '일 자체를 사랑하는 자'의 정체성이 갖는 힘을 느낄 수 있다. 비록 다음 달 월세나 작업실 임대료를 고민하는 처지라 해도, 그 지점에서만큼은 재벌 회장과 다를 바 없다. 물론 문화 예술계의 프리랜서도 돈을 벌어야 한다. 하지만 일을 하게 만드는 근본적인 원동력은 돈이 아닌 무언가에서 나온다.

　　이건희는 말했다. "재산이 1억에서 2억이 되는
건 큰 차이가 있겠지만, 1조에서 2조 되는 건 뜻이
없어." **5** 재산이 1조 2조는 고사하고 1억도 안 되는
사람일지라도, 통장에 단돈 100만 원이 없어서
다음 달 생활비를 걱정하는 사람일지라도, 내 일을
사랑하는 사람이라면 저 말에 어느 정도는 공감할
수 있을 것이다. 일을 사랑하는 한 우리의 내면은
부자다. 이제 생계를 해결하는 것부터 시작하면
된다.

대부분의 경우 사람은 자기가 뭘 좋아하는지 잘
모른다. 좋아하기 때문에 어떤 일을 시작하는 경우는
흔치 않다. 어찌어찌해서 시작해 보니 적당히 잘하고
남들도 칭찬해 주고 돈도 벌 수 있기 때문에 꾸준히
하다가 그 일 자체를 사랑하게 되는 경우가 오히려
더 많다. 일을 통해 삶을 개척하고 성장하게 되는,
보편적이면서도 바람직한 경로라 하겠다.
　　불행하게도 이 책에서 다루는 문화 예술계,
그중에서도 프리랜서로 일하는 경우는 그렇지
않다. 오히려 반대인 경우가 흔하다. 다른 일을 하는
것보다 경제적으로 손해인 건 맞지만 그래도 일
자체가 좋기 때문에 일하는 사람이 훨씬 더 많다.
그것은 프리랜서라는 하도급 업종의 속성과 맞물려,

열정 페이니 재능 기부니 하는 끔찍한 말이 나오게
하는 원인이기도 하다.

동의하건 반대하건 이것은 전제로 받아들여야
할 사실이다. 일 자체를 좋아하는 사람들이
불리한 고용 여건과 낮은 소득을 감수하고 있다.
오히려 즐기면서 일을 더 잘하기 위해 스스로를
갈고닦는 곳이 문화 예술계다. 그중에서도
프리랜서로 활동한다는 건 문화 예술계의 기업에
취직하는 것보다 한층 더 취약한 상황에 스스로를
노출시킨다는 말과 다를 바 없다.

그러므로 문화 예술계의 프리랜서가 되고 싶은
사람은 반드시 스스로에게 물어봐야 한다. 나는
아무런 경제적 부담이 없는 상황에서도 이 일을 할
것인가? 지옥 같은 마감의 폭풍 속을 뚫고 나가는 이
피곤한 생활을, 돈 걱정이 없는 상태에서도 계속할
생각이 있는가?

엄청나게 돈이 많다면 참 마음이 편해질 것
같다. 스스로에게 로또 테스트를 해봤을 때 내
머릿속에 가장 먼저 떠오른 생각이었다. 그리고 두
번째 생각이 꼬리를 이었다. 그렇게 편한 기분으로
원고 작업을 하면 훨씬 기분이 좋을 것 같다고.

마지막으로 잠을 잔 지 30시간째 되던
시점이어서 그랬을까, 좀 멍청한 생각인 것 같았고

헛웃음이 났지만 나 스스로에게 거짓말을 하고
있다는 기분은 전혀 들지 않았다. 그래도 일단
노트북을 덮고 잠깐 눈을 붙인 다음 일어나 마저
끝내기로 했다.

소외

우리는 일할 때 소외를 경험한다. 직장에서 따돌림을 당한다는 뜻이 아니다. 모든 직장 동료들과 화목하게 지내는 사람이라 해도 노동으로부터의 소외는 필연적으로 경험하게 된다. 왜냐하면 자본주의 체제하에서의 노동이라는 게 원래 그렇게 생겼기 때문이다. 인류는 자본주의와 함께 물질적 풍요를 얻었지만, 대신 노동으로부터 소외되고 만 것이다.

누구나 알다시피 노동 소외라는 개념은 카를 마르크스와 그의 지적 파트너였던 프리드리히 엥겔스의 작품이다. 하지만 그들의 이론을 곧장 소개하는 건 그리 접근성 높은 방식이 아니므로, 여기서 우리는 잠시 어떤 소설을 경유해 보기로 한다. 루마니아의 그리스 정교회 사제이며 소설가, 시인이기도 했던 콘스탄틴 비르질 게오르규의 『25시』(The 25th Hour)를 펼쳐보자.

노동과 인간 소외

주인공의 이름은 요한 모리츠. 루마니아의 시골 마을에 사는 평범한 청년이다. 제2차 세계대전과 함께 그의 운명은 역사의 격랑 속으로 빨려 들어간다. 유대인으로 오인받고, 폴란드인으로 간주되고, 루마니아인이라는 걸 인정받은 뒤에는 나치 협력국 국민이어서 수용소에 들어가는 등 이리 채이고 저리 굴러다니는 고달픈 인생 유전을 겪게 되는 것이다.

그 수많은 고생 행렬 중 모리츠가 단추 공장에서 강제 노동을 하는 대목에 주목해 볼 필요가 있다. 농부들만 모여 사는 시골 출신이었던 모리츠에게 단추 공장에서 만들어내는 단추는 눈이 휘둥그레지는 광채를 내뿜는 것이었다. 그 단추를 달고 행진하는 군인과 장군, 그런 높은 분들이 벌일 화려한 행진을 상상하며 즐거워했다.

하지만 그는 몽상에 빠질 수 없었다. 기계가 쉴 새 없이 돌아가고 있었으니 말이다. 모리츠가 서 있는 파트에서 자꾸 문제가 생겼고, 컨베이어 벨트는 멈춰야 했으며, 불호령이 떨어지기 일쑤였다. 자신이 일해서 만들어내는 결과물에 대해 모리츠는 그 어떤 감정 이입이나 상상도 하지 말아야 했다. 그저 주어진 역할에만 충실해야 했던 것이다.

"모리츠가 단추 공장에서 일한 지도 벌써 다섯 달이 흘렀다. 그는 이제는 상자를 놓쳐버리는 실수는 하지 않았다. 상자가 자기 앞으로 오면 그는 곧 자동 수레로 옮겨놓았다. 쳐다보지도 않았으며, 담겨 있을 단추 생각이나 그것을 달 장군들, 그리고 전쟁이 끝나면 새 군복에 지금 자기가 들고 있는 상자 속에 들어 있는 빛나는 단추를 달고 광장을 행진할 군인들에 대한 생각도 하지 않고 다만 상자를 옮겨놓는 일에만 열중했다."[6]

모리츠가 전쟁 이전까지 해왔던 노동은 이렇지 않았다. 그와 가족 친지들은 밭을 고르고, 씨를 뿌리고, 잡초를 뽑고, 병충해를 제거하며, 수확하고, 곡식을 가공해 빵이나 술을 만드는 등, 조상 대대로 익숙한 일을 해왔다. 물론 귀족이나 성직자에게 공물을 바쳐야 했지만 농부는 자신이 농사 지은 곡식과 열매에 대해 속속들이 잘 알았고, 그것을 감사한 마음으로 먹으며, 종자를 비축해 내년을 기약했다. 몸이 아프거나 불편하면 이웃에게 도와달라 부탁하고 나중에 나도 손을 빌려주는 식으로 갚을 수 있다. 모리츠는 자신이 하는 일, 일하는 방법, 목적, 결과물과 뗄래야 뗄 수 없는 사이를 유지해 왔던 것이다.

우리는 스스로의 일과 얼마나 가까운가?

하지만 공장에서 일하면서 모리츠는 자신의 노동으로부터 소외됐다. 이제 그에게 노동이란 낯선 것이며, 통제할 수 없고, 자신의 의지나 능력과 대립하는 무언가로서 경험되고 있다. 어딘가 낯설지 않게 느껴지는 설명이다. 그렇다. 대부분의 현대인들이 일하면서 느끼는 바로 그 감정이다.

마르크스가 볼 때 이와 같은 현상은 자본주의의 부작용이 아니었다. 자본주의 자체가 원래 그렇게 생겨먹었다. 그래서 노동자들은 노동으로부터 소외되고, 자본가에 의해 착취당할 수밖에 없으며, 따라서 어중간한 개혁 따위로는 세상을 바꿀 수 없다고 그는 생각했다. 왜냐하면 노동 소외란 결국 분업으로 인해 벌어지는 필연적인 현상이기 때문이었다.

분업이 자본주의의 핵심이라는 걸 처음 지적한 사람은 마르크스가 아니었다. 경제학의 아버지 애덤 스미스가 『국부론』(The Wealth of Nations)의 도입에서 말하고 있는 내용이다. 『국부론』 1권 1장의 제목이 바로 '분업'이다.

애덤 스미스는 그 유명한 핀 공장의 예시를 들어 분업의 도입이 가져온 폭발적인 생산력의 확대에 대해 설명한다. 제아무리 숙련된 장인이라 해도 혼자 모든 공정을 도맡아 할 경우 하루에 핀 스무 개를 생산하기도 어렵다. 반면 철사를 자르고 뾰족하게 연마하고 핀 머리를 붙이는 등의 과정을 10명의 기술자가 적당히 나누어서 진행하면 하루에 4만 8,000개를 만들 수 있다. 한 사람이 4,800개를 만드는 셈이니 생산성은 무려 240배가 늘어난다. 자본주의 이후 인류가 전에 없던 물질적 풍요를 누리게 된 건 지극히 당연한 일이었다.

노동 소외는 자본주의의 부작용이 아니다.

원래 자본주의가 그렇게 생겨먹었다.

그런데 여기서 몇 가지 문제가 발생했다. 일하는 사람의 입장에서 생각해 보자. 일이 재미없어졌다. 과거에는 생산량이 좀 떨어지긴 해도 내 손으로 핀을 처음부터 끝까지 만드는 것에서 성취감을 느낄 여지가 있었다. 하지만 분업이 시작되고 나니, 누군가는 하루 종일 철사만 자르고, 또 다른 사람은 온종일 핀 끄트머리만 뾰족하게 하다가 집에 간다. 과거에는 핀 만드는 장인으로 스스로를 정의할 수 있었던 사람이 지금은 핀을 만들기 위해 철사를 자르는 기계를 조작하는 특색 없는 존재로 격하되고 말았다고 볼 수 있다. 오늘날 우리가 알고 있는 지루하고 반복적이며 따분한 '노동'이 탄생한 것이다.

게다가 그 놀라운 생산력으로 만들어낸 상품을 과연 어디에 팔 것인가? 하루에 한 사람이 스무 개밖에 못 만들던 핀을 1인당 4,800개씩 찍어낼 수 있게 된 것까지는 좋다고 치자. 그걸 대체 어떻게 처리해야 한단 말인가? 그냥 내다 버리기 위해 만든 건 아니고, 자신들이 모두 소비할 수도 없으니, 어딘가에 내다 팔아야 한다. 문제는 그 '어딘가'가 대체 어디냐는 것이다. 자본주의가 제국주의적 확장과 불가분의 관계를 이루게 된 건 그러므로 결코 우연이 아니었다. 서구 열강은 자신들이 만들어낸 제품을 구입하고, 원자재와 노동력을 공급해 줄 '어딘가'를 끝없이 갈구하게 됐으니 말이다.

노동 소외 → 자본 축적 → 과잉 생산 → 침략 전쟁

마르크스와 엥겔스는 그것이 자본주의의 본질이라 봤다. 이제 노동은 인격 도야나 자아실현과 무관한, 하루의 몇 시간을 끊어서 자본가에게 판매하고 돈을 벌기 위한 생존의 수단으로 전락했다. 수천 년 넘게 인류를 억압하던 신분제가 무너지고 귀족 계급이 사라진 줄 알았지만, 대신 생산수단을 틀어쥔 채 경제 성장의 과실을 독차지하는 자본가들이 지배계급의 자리에 앉았다. 게다가 그 자본가들은 더 많은 이윤을 얻기 위해 계속 노동자들을 쥐어짜면서, 끝없이 시장을 확장하기 위해 총칼을 앞세우고 유럽 외의 세계로 뻗어나가기 시작했던 것이다.

마르크스와 엥겔스가 볼 때 그들과 동시대를 살았던 공산주의자들은 낭만적인 환상에 빠져 있었다. 자본주의적 생산은 분업에 기반을 둔다. 분업이 존재하는 한 노동 소외는 벌어질 수밖에 없다. 따라서 무슨 노동 시간을 줄여준다거나, 근로 여건을 개선한다거나, 임금을 높여준다거나 하는 식의 '착한 노동 정책'은 그저 언 발에 오줌 누는 짓에 불과했다. 선한 자본주의가 가능할 것이라고, 또는 자본주의를 좀 덜 나쁘게 만들 수 있으리라 보는 이들은 '낭만적 공산주의'자에 지나지 않으며, 본인과 엥겔스 같은 사람은 '과학적 공산주의'를 추구하고 있다는 게 그들의 주장이었다.

그들의 '과학'에는 심각한 문제가 있었다. 대체 그 '과학으로 입증된 유토피아'가 지향하는 바가 무엇인지 알 수 없다는 것이었다. 과학은 일단 가설을 제시하고 실험이나 관찰 등을 통해 검증한다. 한데 마르크스와 엥겔스의 '과학'에는 검증이 없었을뿐더러 사실상 제대로 된 가설조차 존재하지 않았다. 다만 남은 건 수많은 팸플릿과 저널리즘적인 작업물, 사회학의 다양한 주춧돌 내지는 이정표가 된 여러 저작, 그리고 세 권의 『자본』(Das Kapital) 뿐이었다.

마르크스와 엥겔스가 '과학적'으로 도달하고자 했던 공산주의 유토피아의 모습이 무엇인지 알 길은 없다. 왜냐하면 그들은 단 한 번도 그것을 직접적으로 서술하지 않았기 때문이다. 그나마 찾고 찾아보면 단 하나의 문장이 실마리 비슷하게 남아 있다.

"이에 반해 아무도 배타적인 영역을 갖지 않고 각자가 그가 원하는 어떤 분야에서나 스스로를 도약시킬 수 있는 공산주의 사회에서는 사회가 전반적인 생산을 조절하기 때문에 사냥꾼, 어부, 양치기 또는 비평가가 되지 않고서도 내가 마음먹은 대로 오늘은 이것을, 내일은 저것을, 곧 아침에는 사냥을, 오후에는 낚시를, 저녁에는 목축을, 밤에는 비평을 할 수 있게 된다." **7**

아침에는 사냥을, 오후에는 낚시를,
저녁에는 목축을, 밤에는 비평을?

다들 한 번쯤은 이 문장을 들어봤을 것이다. 인문학이나 사회 비판 담론에 익숙한 사람이라면 마르크스와 엥겔스의 초기작인 『독일 이데올로기』 (Die Deutsche Ideologie)가 출처라는 것도 알 것이다. 하지만 그런 사람도 저 말의 뜻을 잘못 알고 있는 경우가 태반이다. 대부분은 저 말을, 마치 마르크스와 엥겔스가, 요즘 식으로 말하자면 '워라밸'을 옹호하고 있는 것처럼 여기고 있으니 말이다.

저 문장만 따로 떼어놓고 보면 그렇게 해석하기 십상이다. 하지만 그렇게 읽는 건 마르크스와 엥겔스의 원래 의도와 전혀 무관하다. 오히려 반대로 읽는 것이라 할 수도 있다. 그들이 본 이상적인

공산주의 사회는 사냥꾼, 어부, 목동, 비평가가
적당히 일을 하고 먹고살며 다양한 취미를 즐기는
곳이 아니었다. 사냥꾼, 어부, 목동, 비평가 같은
직업의 구분 자체가 사라진 세상을 그들은 그리고
있었던 것이다.

　　이게 무슨 소리냐 싶겠지만 사실이 그렇다.
인용된 문장에서 '이에 반해'가 눈에 띄지 않는가?
저 앞에 나오는 문장을 보면 두 젊은 혁명가의
생각이 분명히 보인다. 아주 기본적이고 원시적인
수준의 분업마저도 사람을 사회 속의 특정한 역할에
예속시킨다는 문제의식이 전제돼 있다. 분업은
궁극적으로 극복 내지 해소돼야 할 악의 근원인
것이다.

　　"노동이 분화되자 각 개인은 하나의 일정한
배타적 영역을 갖게 되고, 이 영역이 그에게
강요되기 때문에 그는 이것을 벗어나지 못한다. 그는
한 사람의 사냥꾼, 한 사람의 양치기, 한 사람의 어부
또는 한 사람의 비평가이며, 그가 그의 생계 수단을
잃지 않고자 하는 한 계속 그렇게 살아가야 한다." [8]

　　마르크스와 엥겔스는 자본주의가 낳은 물질적
풍요를 거부하지 않았다. 오히려 적극 찬성하고
동의하는 쪽이었다. 하지만 그들은 그 풍요의 근원인
분업을 거부했다. 그렇다면 어떤 식으로 생산하고

소비하며 그것을 조율해 나가야 한단 말인가?
마르크스는 '워라밸'을 옹호하지 않았다.
노동의 분업 자체를 거부했기 때문이다.

그들이 살았던 시대는 19세기였다. 과학과
기술이 비약적으로 발전해 나가고 있었다. 19세기의
기술 발전은 우리가 경험하는 지금의 그것과 차원이
달랐다. 스마트폰 속도가 빨라지고 카메라의 화질이
좋아지는 수준이 아니었다. 어제까지만 해도 없던
'전화기'가 발명되고 '사진기'가 등장하던 그런
시대였던 것이다.

그러니 두 젊은 혁명가는 무책임할 수 있었다.
'미래의 공산주의 사회라면 분업 같은 것 없이도
지금보다 높은 생산력을 유지할 수 있을 거임, 잘
모르겠지만 아무튼 그럴 거임.' 같은 식으로 굴 수
있었다는 말이다. 당대의 비판가들 역시 '대체 그
공산주의라는 게 어떻게 되는 건지 구체적인 계획
한번 들어봅시다.'라는 식으로 이의를 제기하지는
않았다. 인류가 스스로의 가능성에 심취해 있던,
현대 문명의 유년 시절이었다.

프리랜서에 대해 이야기하다 말고 마르크스니
엥겔스니 애덤 스미스가 어쩌고 게오르규가 저쩌고,
대체 그래서 뭐가 어떻다는 건가? 노동 소외라는

개념이 있고, 그것은 자본주의적 생산 양식에서 불가피한 일인데, 심지어 마르크스마저도 그것을 뛰어넘는 세계상을 보여주지는 못했다. 그게 지금 우리의 논의와 무슨 상관이 있단 말인가?

상관이 있다. 왜냐하면 제대를 앞둔 내가 바로 이런 생각을 하고 있었기 때문이다. 대학원 석사 과정까지 마치고 군대를 갔으며, 제대를 눈앞에 두던 나는, 만 30세였다. 공채 등을 노리기에는 이미 늦었고, 경력직을 지향한다면 더 꾸물대지 말고 취업 전선에 나서야 할 나이라 볼 수 있었다.

나는 카투사였다. 동두천에 있는 미 육군 2사단 1여단 소속이었다. 계급이 높아진 후로는 줄곧 독방을 쓰고 있었고, 그래서 매일 오후 6시쯤 일과가 끝나면 저녁을 먹고 내 방에 돌아와 혼자만의 시간을 보낼 수 있었다. 다른 카투사들은 대부분 대학생들이므로 복학 준비를 했지만 나는 이미 석사까지 마쳤고, 박사 과정에 들어갈 생각은 없었으니, 사회로 복귀할 준비를 했다. 주로 번역 등을 하며 내 몸 하나 누일 수 있는 방의 보증금부터 만들어야 할 상황이었다.

이보다 더 좋은 직장이 또 있을까? 싶을 때가 있다.

카투사가 편하다지만 어쨌든 군대는 군대다. 지켜야 할 규칙이 있고, 일과가 있고, 표현과 행동의

자유가 제약된다. 하지만 군 입대 전에, 심지어
학부 졸업 이전부터 직장 생활을 해본 나는 알고
있었다. 카투사라는 이질적인 존재가 미군이라는
거대 조직 속에서 누릴 수 있는 자유란, 대기업이건
중소기업이건 심지어 한국 기업이건 미국 기업이건,
직장인의 자유보다 크면 크지 작지는 않다는 것을.
취직을 한다면 나는 앞으로 지금보다 훨씬 더 긴장한
채 조직에 매여서 살 수밖에 없을 것이었다.

　　몇 년 후 예비군 훈련장에서 카투사교육대
동기를 만났다. 나보다 몇 살 어린 그 친구 역시
똑같은 말을 했다. 제대하고 복학한 뒤 졸업과
동시에 남들이 모두 부러워하고 동경하는 S전자에
취직했다. 그렇게 1년쯤 살다 보니 군 시절이
얼마나 좋은 시절이었는지 감이 오더라는 것이다.
예비군 훈련도 너무 좋다고 한다. 아침 9시에
도착해서 아무리 늦어도 5시면 집에 보내준다니
감격스럽다고, 예비군 훈련 매일 하면 좋겠다고,
그런 시답잖은 소리를 늘어놨다.

　　그날 집에 돌아오는 길에 나는 제대를 앞두고
내가 내렸던 커리어 선택에 대해 돌이켜 봤다.
나는 대체 왜, 다시 취직할 생각 따위 하지 않고,
프리랜서로 살겠다고 했을까? 그 어떤 각도에서
보더라도 일단 직장인이 되는 게 경제적으로

유리하다는 것을, 내게 더 많은 기회를 열어줄 수
있다는 것을, 잘 알고 있었는데 말이다.

나는 프리랜서로 살아왔다. 앞서 설명한 바로 그
개념 때문이다. 노동 소외. 다시 카투사 시절의
기억을 더듬어보자. 말년 병장이 되자 아무도 나를
건드리지 않았다. 무슨 일을 시키지도 않았고,
심지어 점심 먹고 방에 들어갔다가 늦게 나와도 뭐라
하지 않을 때조차 있었다.
　　하지만 나는 알고 있었다. 규정상 나는
한국군으로서 미군의 지휘를 받는 카투사라는 것을.
비록 지금은 요령껏 내 마음대로 쓰고 있지만, 이
시간은 나의 게 아니라는 것을. 근무 시간이 끝나고
비로소 '내 시간'이 온다 해도, 가령 어떤 비상사태가
발생하거나 하면 나는 군인으로서 의무에 충실해야
할 터였다. 글쓰기를 향한 나의 노력과 열정은 결국
'사이드 잡'일 수밖에 없었다는 것이다.

안정된 소득을 얻을 것인가,
노동 소외로부터 벗어날 것인가.
　　'글쓰기를 너무 사랑하며 모든 걸 바칠 수
있다.'는 식의 호들갑을 떨고 싶지는 않다. 글쓰기를
좋아하는가? 사랑하는가? 그렇게 묻는다면 여전히
대답을 얼버무리게 된다. 하지만 이것 외에 다른

무언가를 하며 생계를 유지하다가 퇴근하고 나서 조금씩 즐기는 것, 이른바 '취미'의 영역에 글쓰기를 놓아두고 싶지는 않았다. 마치 내 몸속에 있어야 할 중요한 신체 기관 하나를 적출한 뒤 일주일에 하루나 이틀만 다시 내 몸에 품는 것과 다를 바 없는 부조리라 느꼈다. 미래에 대한 합리적이고 이성적인 고민이 있었지만, 그 부조리에 대한 본능적인 반감이 훨씬 컸다. 취직을 집어치운 내게 남은 건 프리랜서의 길뿐이었다.

여기서 오해를 피하기 위해 꼭 해야 할 말이 있다. 프리랜서로 산다고 해서 노동 소외를 전혀 겪지 않고 살 수는 없다. 한국뿐 아니라 전 세계가 자본주의적 질서 속에 움직이고 있으니 말이다. 나뿐 아니라 모든 사람이 마찬가지다. 그저 돈을 벌기 위해 어떤 일을 해나간다. 그렇게 번 돈을 들고, 그저 돈을 벌기 위해 식당을 하는 자영업자의 식당에서 밥을 먹은 후, 그저 돈을 벌기 위해 아르바이트를 하는 직원에게 체크카드를 건네주고 계산을 하고 나온다. 우리는 노동 소외로부터 벗어날 수 없다.

하지만 가끔은 일이 나와 하나가 될 때가 있다. 내가 썼지만 정말 재미있는 원고, 이 글을 세상에서 내가 제일 처음 읽고 있다는 사실 자체가 짜릿하게 느껴지는 무언가가 내 손끝에서 나온다. 심지어 프리랜서가 아닌 사람들도 가끔 비슷한 경험을 할 것이다. 먹고살려고 시작한 식당인데 손님들이 좋아라 하는 모습이 어느새 삶의 보람이 될 수도 있고, 편의점에서 아르바이트를 해도 최적의 배치와 정리를 하면서 즐거움을 느낄 수 있다. 우리에게 일이란 싫지만 때로는 사랑하게 되는 무언가일지도 모른다.

아무튼 그랬다는 것이다. 왜 나는 취직하지 않았던가? 왜 나는 가시밭길을 택했는가? 원고료를 받을 수 있을 정도로 글을 쓸 능력이 있다면, 다른 업계에서 그 능력을 발휘하는 게 몇 배는 더 이익인데, 왜 알면서도 '남들처럼 열심히' 살지 않았는가?

세상으로부터 소외되는 한이 있더라도, 내 일과 함께하는 삶.

어느 날은 이렇게 생각했다. 나는 어딘가 사회생활에는 부적합한 사람이라고. 그래서 집에서 혼자 일하고 있는 거라고. 하지만 다른 날은 저렇게도 생각해 봤다. 나는 세상으로부터 소외되는 한이 있더라도, 내가 하는 노동으로부터는 소외되고 싶지 않았다고. 애덤 스미스라면 나더러 그렇게 살지 말라 했을지 모르겠다. 하지만 마르크스는 내 편을 들어주었을 것이다. 나는 혁명보다 개혁을 선호하는

온건한 정치 성향을 가지고 있지만, 그렇게 생각하니
조금은 위안이 되는 것 같았다.

■ 백원근, 「한국의 분야별 출판시장 현황」, 『K-Book Trend』, 2019년 12월 9일. 2020년 9월 접속. http://kbook-eng.or.kr/article/780.

② 신민정, 「녹아내리는 매출에 재편되는 빙과 시장」, 『한겨레』, 2020년 4월 1일. 2020년 9월 접속. http://www.hani.co.kr/arti/economy/consumer/935242.html.

③ 한국출판저작권연구소, 『2015년 출판 시장 통계: 금융감독원 공시자료를 활용한 2015년 출판 시장 통계 분석』, 2016년 5월 2일 발표, 한국출판저작권연구소 블로그 참조. http://blog.naver.com/PostView.nhn?blogId=parkisu007&logNo=220699099687.

④ 황인선, 「맛.편의성 '연두부' 인기...식물성 단백질 열풍이 두부시장 살렸다」, 『푸드투데이』, 2019년 2월 27일, 2020년 9월 접속. https://www.foodtoday.or.kr/news/article.html?no=157618.

⑤ 신은진, 「세상이 몰랐던 이건희 '임원 의자 치워, 사원들 의자 좋은 걸로'」, 『조선일보』, 2020년 12월 22일, https://www.chosun.com/economy/industry-company/2020/12/22/RMUTQ73V6JAF5M7BXLK22SBQQM/.

⑥ C. V. 게오르규, 『25시』, 최규남 옮김(서울: 홍신문화사, 1992), 165쪽.

⑦ 카를 마르크스·프리드리히 엥겔스, 『독일 이데올로기』, 김대웅 옮김(서울: 두레, 2015). 71쪽.

⑧ 같은 곳.

노정태
작가 · 번역가. 1983년생. 2008년 대학원 석사 학위
취득 후 현재까지 프리랜서로 살고 있다. 『불량
정치』, 『탄탈로스의 신화』, 『논객시대』를 썼고,
『인간의 본질』, 『칩 워』, 『지구를 위한다는 착각』,
『아웃라이어』 등을 영어에서 한국어로 옮겼다. 현재
『조선일보』, 『신동아』, 『중앙일보』 등에 칼럼을 기고
중이다.